AF276869

El color de la vida

El color de la vida

Hugo de Souza

mirahadas

Índice

Nuevo género literario

No soy, ni me siento como un poeta.

Simplemente, llevo en mí un corto período como escritor principiante.

Dentro de este medio literario soy ya conocido por haber editado algunas obras.

Sobre todo, novelas cortas basadas en hechos reales, como episodios de mi vida, desde mi juventud en mi ciudad natal, Artigas, en Uruguay, y también sobre mis avances, retrocesos y dificultades en el proceso de integración a mi nueva sociedad, Suecia.

Son obras literarias dentro del mismo género, es decir el relato narrativo al estilo novela.

Estas obras literarias tuvieron un objetivo central, el cual fue que los lectores conozcan la triste realidad que mi país estaba sufriendo en ese período trágico de dictadura militar.

Entiendo, entonces que para mis lectores haya sido una sorpresa que, como escritor narrativo de novelas, pase de forma sorpresiva a escribir en un género lírico, poemas, poesías, y textos en estilo de prosa poética

Insisto que, a pesar del cambio de género literario, el objetivo central sigue siendo el mismo, y no terminaré hasta que mi pueblo se sienta libre y con un proyecto positivo de vida donde ellos mismos sean los protagonistas de la construcción de su futuro.

Voy a hacer un intento de explicar el porqué de este cambio radical al nuevo género literario.

Desde ya muy joven, apenas terminado mis primeros años escolares y con mis primeros pasos en estudios más avanzados, ya había abrazado el género lírico.

Una de las materias a estudiar dentro de la carrera magisterial eran literatura y filosofía.

Realmente me encantaba asistir a estos cursos.

Ya entonces había comenzado con sencillos experimentos poéticos.

Buscaba encontrar un estilo propio donde pudiera reflejar las ansias populares y el amor verdadero o la ausencia de este.

Lamentablemente, la gran mayoría de autores que leíamos en estos cursos de literatura eran mayoritariamente románticos.

No es que tenga nada en contra el romanticismo, pero entendía que el concepto sentimental que se transmitía en estos hermosos textos era el de la perfección y el amor eterno, sin dificultades.

«Y se amaron apasionadamente y vivieron felices para siempre».

Al mismo tiempo, como joven y aspirante a una vida con amor, había ya iniciado mi aventura de relaciones amorosas sin mucho éxito.

Me enamoraba muy rápido e intensamente, pero mi ansiada pareja pronto descubría que yo no era lo que ella buscaba y entonces comencé a sentir el gusto del fracaso y de mis limitaciones.

Me preguntaba, entonces, dónde estaban aquellos versos del verdadero amor, o de la ausencia de este noble sentimiento.

Como joven, también yo entré en este período de rebeldía, de luchar por la justicia.

Había comenzado a participar en movimientos juveniles políticos para cambiar el injusto y represivo régimen que gobernaba el país.

Tampoco ahí pude encontrar los versos poéticos sobre esta lucha popular ni sobre los sufrimientos del pueblo.

No, los versos seguían en torno a las golondrinas, las flores del verano y el amor eterno.

Estaba y estoy convencido de que el artista, escritor, poeta, que no siente las agitaciones, las inquietudes, las ansias de su pueblo y de su época, es gente de sensibilidad mediocre.

Igualmente, los que no sienten que el amor verdadero es aquel que se va construyendo con el tiempo en sus relaciones, e incluye el respeto, el apoyo y la comprensión mutua. El objetivo de la felicidad es un camino lleno de tropiezos.

La palabra felicidad perdería su significado si no estuviera equilibrada por la tristeza.

Muy importante, además, es poner sobre la mesa las dificultades, los desencantos, que podemos pasar, con seguridad, en nuestros intentos de formar nuestra pareja.

El que no escribe en sus poesías o diferentes textos estos conceptos elementales es gente de comprensión anémica.

Yo he leído muchas poesías hermosas y me encantaba, y todavía me sigue encantando, aquel idioma usado por los poetas que describían lo hermoso, lo dulce, lo eterno, el tú y yo, para siempre

A mi entender, este estilo de escritura poética de temas fundamentales sobre la vida debería cumplir determinados requisitos.

Por ejemplo, además de textos hermosos y melódicos, también deberían llevar en sí un mensaje pedagógico.

En el amor, no todos buscan la perfección estética. Personalmente, no buscaba mi princesa, sino una compañera., a alguien que me quisiera como soy, que me comprendiera y compartiera en gran parte mi filosofía de vida y de lucha por la justicia.

En la sociedad buscaba un llamado a la rebeldía, a la igualdad y a una participación popular.

¿Dónde están esos poetas?

Pero mi pasión por la poesía y la prosa poética estuvo siempre presente.

En mi búsqueda literaria logré leer algunos versos de poetas que despertaron mi curiosidad, mi optimismo y esperanzas poéticas.

Aquí hablo de Pablo Neruda y de Mario Benedetti entre algunos otros, como Octavio Paz y Antonio Machado.

Estos gigantes de la literatura poética supieron transmitir pedagógicamente el sentimiento, el mensaje de una forma hermosa y apasionante.

Aquí, Neruda nos escribe sobre el amor verdadero, un amor perdido y el dolor de su ausencia:

Puedo escribir los versos más tristes esta noche.
Escribir, por ejemplo:
La noche está estrellada y tiritan azules los astros a lo lejos.
El viento de la noche gira en el cielo y canta.
Yo la quise, y a veces ella también me quiso.
En las noches como esta la tuve entre mis brazos.
La besé tantas veces bajo el cielo infinito.
Ella me quiso y a veces, yo también la quería
¿Cómo no haber amado sus grandes ojos fijos?
Puedo escribir los versos más tristes Pensar que no la tengo,
sentir que la he perdido
Oír la noche inmensa sin ella.
Y el verso cae al alma como el pasto al rocío.
La noche está estrellada y ella está conmigo

Pablo Neruda.

Benedetti escribe sobre los motivos y causas de su amor:

Te quiero:

Tus manos son mi caricia.
Mis acordes cotidianos.
Te quiero porque tus manos
trabajan por la justicia.
Tus ojos son mi conjuro
contra la mala jornada
te quiero por tu mirada
que mira y siembra futuro.
Si te quiero es porque sos
mi amor, mi cómplice y todo
y en la calle, codo a codo
somos mucho más que dos.
Tu boca es tuya y es mía.
Tu boca no se equivoca.
Te quiero porque tu boca
sabe gritar Rebeldía
Y por tu rostro sincero
y tu paso vagabundo
y tu llanto por el mundo.
Porque sos pueblo, te quiero.
Te quiero en mi paraíso.

es decir que en mi país
la gente viva feliz
aunque no tenga permiso
si te quiero es porque sos
mi amor, mi cómplice y todo
y en la calle, codo a codo
somos mucho más que dos.

No te rindas
por favor, no te rindas
aunque el frío queme
aunque el miedo muerda
Aún hay fuego en tu alma.

Mario Benedetti

....

....

Desde que te conozco has sido siempre, tú misma
Y eso solo lo puede hacer
Una mujer fuerte y valiente

....

....

No vivas para que tu presencia se note
Sino para que tu ausencia se sienta

....

Bien, estos dos poetas fueron los principales influyentes en mi aventura personal de escribir en este género.

Espero que les agrade.

Aquí les presento algunos:

Lo que podríamos haber sido

Tú eras el centro de mi existencia
para mí, tu amor era verdadero,
también era esperanza,
también era presencia.
El amor se mostraba entero
como un dulce susurro.
¿Cómo pude engañarme?
Estaba falsamente convencido
Que yo también
era el centro de su existencia
Pero la equivocación no estaba ausente
Yo no era quien buscabas.
No te era suficiente
A pesar de sentirme
herido y ofendido
y de tu ausencia convencido
mis dudas habían seguido
las huellas de lo que fuimos
y de lo que podríamos haber sido.

Como si fuera la última vez

A veces, a pesar
de la angustia compartida
y con el silencio de tu ausencia
el amor
o la sombra de este
continúa ahí.
En lo invisible, en lo oculto
en lo eterno.
Cierra los ojos y escucha
Piensa y sueña en aquel tiempo hermoso
Cuando nos amábamos
Piensa y sueña que aún estoy contigo
para quererte
tal como te he querido,
día y noche, minuto a minuto.
Pienso y sueño que tú también me quieres
como soy, totalmente entero
Sueña que nos queremos
Juntos nuevamente
como si fuera la última vez
por siempre.

_____

Ojalá que la espera no desgaste mis sueños.

....

Mi amor e inspiración

Mi amor e inspiración
Tú eres mi inspiración
Eres mi fortaleza
contra la debilidad
y con ternura y pasión
formamos nuestra pareja
Para ti es esta prosa
humildemente a mi modo.
Cuando pienso en ti
esbozan mis labios
una sonrisa
y siento que estás aquí
con tu perfume y tu brisa.
Quiero hablar sobre este amor
y cantarlo con valor,
decirlo en esta poesía
Te extraño
ayer, hoy, cada día
Todavía
Hay algo en mi conciencia
que me tiene desvelado
y es mi anhelo por ti
cuando no estás a mi lado

No existe nada más hermoso que el saber que te aman así, como eres, o, mejor dicho, a pesar de lo que eres.

Víctor Hugo

....

Quisiera prometerte que todo saldrá bien. Pero lo único que con seguridad puedo prometerte es que todo saldrá bien si lo enfrentamos juntos.

Te quiero, no por quién eres sino por quien soy cuando estoy a tu lado.

Víctor Hugo

Amores perdidos

Pasó por mi vida
como un huracán.
Arrasó toda mi seguridad.
Socavó mi tímido guardián
contra el dolor del amor.
Contra ese dolor
no existe inmunidad.
Se fue sin mirar atrás.
Me quedé con mi pena.
Y el gusto amargo del jamás.
Mi amor ya no es un poema.
Pasó por mi vida.
Y dejó oscuridad.
Es profunda mi herida.
Pero no será eternidad.
Seguiré caminando,
Seguiré buscando.
Al amor consagro
en esta vida dura
que puede ser milagro
y también aventura.

Versos combatientes:

Ser fuerte

Han sido muchas mis caídas.
Han sido muchos mis dolores
pero ni siquiera ellos
han aumentados mis temores.
de continuar en esta vida.
Es mi decisión consciente
y si caigo de repente
haré lo mismo nuevamente
hasta lograr levantarme.
No lo voy a negar
que en varias ocasiones
me tiré a llorar por fracasar.
Pero esas lágrimas
fueron las que me dieron razones
y fuerzas para continuar.
Y aunque tropiece
mil veces en mi andar
sé que siempre volveré
a ponerme de pie.
Pues cuando
decido ser fuerte,
sé que lo lograré

La gloria no consiste en no caer nunca
sino en levantarse cuantas veces sea necesario.

Nosotros

En un cálido mayo primaveral cuando las últimas nieves desvanecían y las primeras flores comenzaban ya a sentirse mayores y valientes, prontas para mostrar su belleza natural. Entonces decidimos, tú y yo, que ya éramos un **nosotros**, y haremos todo lo posible para continuar siéndolo.

Seremos seguros aspirantes a un futuro vestido de ilusiones y con el color de nuestros sueños que contribuyan a que podamos sentirnos amados eternamente.

Los vientos ya susurraban nuestros nombres a lo largo de los senderos donde nuestras huellas marcaban nuestro andar compartido.

Entonces comenzamos con ahorrar tímidas sonrisas, luego carcajadas y también algunas lágrimas.

Porque, es así como en la vida no se encuentran aquellas leyes o pasos detallados que nos muestre el cómo debemos vivirla.

Pero el amor nos enseñó a improvisar.

Con cautela y timidez pudimos transformar utopías en realidades, y gracias a ello, pudimos seguir siendo un nosotros.

Tanto ayer como hoy.

El amor nos esperaba

Nos encontramos

Siempre he sido un buscador y raras veces he perdido mis esperanzas.

Ahora siento que estoy tan cerca de ese futuro tan ansiado.

¿Quién sabe lo que se puede encontrar a la vuelta de la esquina?

¿Quién sabe?

¡Y, sí! Allí estabas tú.

El amor me estaba esperando.

Nos encontramos.

Tú, con tu sonrisa y ojos fantásticos, que con solo una mirada bastó para encontrarme atrapado en hermosos sueños y fantasías.

Tu nombre se ubicó como un susurro en mis labios

Tu presencia y dulzura me conquistaron.

Nos miramos profundamente durante eternos segundos y en momentos interminables continuamos en silencio como si nos encontráramos en una misma pausa respiratoria.

Nos encontramos.

Casi de inmediato descubrimos que tú y yo
formábamos un nosotros y seguiríamos siéndolo.

Hoy es un día fantástico y la primavera nos hace compañía

Estoy enamorado.

El espíritu de lucha se impuso nuevamente.

y mi compromiso con la lucha por la justicia volvió a
crecer.

Mis ansias y fuerzas volvieron a ser actuales.

Gracias mundo, el sol vuelve a alumbrar en mi camino.

Pensar que nos buscamos en todos los rincones hasta
encontrarnos, sin saber que estábamos tan cerca.

Juntos nos envolvimos en sueños de inmensidad

Tu presencia inspiraba respeto y ternura

Ella y yo. Tú a mi lado, con tu fortaleza y suavidad. Una
hermosa combinación sueca-uruguaya.

....

El amor no consiste solamente en mantener una relación con quien amas, sino que consiste en darle a quien realmente amas la posibilidad de que seas como realmente eres.

Astrid Lindgren

Hermana

Hermana, por favor, escucha
estos humildes versos
como elogio a tu lucha
Un homenaje, tanto a aquellas
de rutinas combatientes
como a las nuevas
y valiosas adolescentes.
Un tributo a las caídas
y a las que vuelven
a primera fila, cada día
fieles a su deber
con pasión y valentía
MUJER
Con conciencia y fervor
vuelves a tu brigada
Admiro, pues, tu valor
CAMARADA
Nada te detendrá
en tu lucha libertaria
Tu meta es clara y sincera
COMPAÑERA
Liberación, igualdad
llevas escrito en la frente
y con tu ejemplo combatiente

superas muchos abismos
Y vencerás al machismo
la meta ya la puedes ver
la llevas en tu mirada
y en tu entrega sincera
MUJER, CAMARADA, COMPAÑERA

Años acumulados

Desgastes consecutivos
en tu vida combatiente
desatan tu desafío
de vivir y ser consciente.
De avanzar, cada día
sin importarte las canas
ni tu piel arrugada
Tomas la vida con ganas
y tus batallas ganadas, cada día,
a cualquier edad
contra el desgaste del tiempo
y contra la soledad.
Y a pesar de alguna resbalada
reluces integridad
desafiando al destino
abres nuevos caminos
en tu lucha a contraviento.
Aún siembras esperanzas
en terrenos de otros tiempos
Junto a una cosecha que crece,
un nuevo tiempo amanece
donde se curan heridas
y la oscuridad desvanece.

Ya vuelven las melodías
Que, con tu lucha segura, es un desafío de vida
que, aunque haya sido dura
También fue pasión, también aventura

Pero somos todavía
Ya no somos lo que fuimos
ni vivimos donde nacimos.
ni estamos donde estuvimos
en el combate en la calle
mano a mano, codo a codo
malos tratos, torturados
Disciplinas forzadas
y libertad vigilada
Pero ¿quién nos saca lo bailado?
y las batallas ganadas
En la lucha persistente.
ya no somos lo que fuimos
aquel fuerte combatiente.

Pero somos todavía

hoy, mañana, cada día
altruismo y valentía
en lo sencillo, en lo cotidiano
sembramos alegría y la vemos crecer
en las flores del verano
en las sonrisas de nuestros hijos
y nuestros nietos
En la cotidiana dulzura de los días
En la amistad,
el trabajo y la empatía
Ya no somos lo que fuimos
pero somos altruismo y alegría.

_____

Al *final lo que importa no son los años de vida*
Sino la vida de los años.

Abraham Lincoln

Sobre el desgaste del tiempo:

Realidades y utopías

Hoy estoy convencido
de que realmente estoy vivo
Vivo el tiempo de mis sueños
donde cada paso logrado
despiertan mis añoranzas
y el camino transitado
me deja sus enseñanzas
Los sueños son un todavía
los llevas por donde vas
hermosa es la fantasía
pero son sueños nomás.
El deseo y la alegría
de un futuro compartido,
justa ansiedad querida
y notables ilusiones
de un mañana preferido.
Sin olvidar mis sueños
ni caminos recorridos
Prefiero la realidad
de mis recuerdos vividos
y me invaden sentimientos
de orgullo y felicidad

y un fuerte convencimiento
de que realmente
estoy vivo.
pero no abandono mis sueños
que son eternos y nuevos
Realidades y utopías
son el pan de cada día

Reflexiones sobre mis caminos elegidos en la vida

A veces, cuando miro hacia atrás, hacia los caminos recorridos y decisiones tomadas durante mi existencia vivida en diferentes situaciones y circunstancias, y al ver todo aquello vivido y logrado, no puedo, ni quiero detenerme en especular sobre aquello que quizás se habría podido hacer de otra manera,

Quizás, o simplemente no haberlo hecho jamás.

Arrepentirme sobre aquellas decisiones que, en definitiva, llevaron a errores profundos.

Pensar que quizás hubiera sido mejor haberlo hecho de otra manera.

¿Quién sabe, quizás, quizás?

¡No! No es posible vivir su vida nuevamente, borrar lo vivido y comenzar de cero nuevamente.

La vida se vive solamente una vez.

Elemental que debemos aprender de nuestros errores, pero no a través de girar eternamente alrededor de la piedra con la cual tropezamos una vez.

Esa no es la manera de evitar un nuevo tropiezo con la misma piedra o algún obstáculo similar.

¡No!, cuando miro hacia atrás siento orgullo y placer.

Lo hecho está hecho, y en su momento fue lo posiblemente correcto.

Existen claras diferencias entre los recuerdos reales y los sueños.

Soñar con una vida que quisiera haber vivido, una mujer que desearía encontrar, y una historia que pudiera dejar huellas en mi camino recorrido.

Los sueños son hermosos,

Pero en mi realidad se cuentan hechos iniciados y muchos cumplidos. Sí, muchos de esos sueños ya se han cumplido. Otros están en camino.

Mis aspiraciones las he conservado y se le han sumado nuevos objetivos, y especialmente una fuerte confianza en que los lograré cumplir, así como he logrado tantos otros.

Mis sueños son eternos y constantemente se suman otros más. Sueños y deseos de ser feliz y de un futuro que abrirá sus puertas y me ofrecerá todas aquellas oportunidades deseadas y que juntos, lado a lado, transitaremos con orgullo, respeto y admiración.

Eran sueños…

Hoy tengo recuerdos de sucesos reales que los he llevado adelante y felizmente concluidos.

Existen claras diferencias entre recuerdos realmente vividos y sueños. Aquellos sueños y aspiraciones se han transformado en realidad. No todos mis sueños.

Algunos todavía los llevo conmigo, y además se han actualizados y se han sumado otros más.

Pero lo importante es saber que en ellos están incluidos todos mis seres queridos.

Estoy convencido que con el tiempo y convicción también lograré transformarlos en realidad.

Tengo claro que los caminos hacia esos logros no son tan fáciles.

Nadie cree que nosotros, en nuestra vida, navegamos en las mismas aguas cristalinas y tranquilas. No es así.

Todos pasamos por tormentas, sorpresas, alegrías y depresiones. También tenía claro que tendría que enfrentar días llenos sombras del pasado que llenarán mis bolsillos de ausencia y dolor. Días grises en los que se siente que no existe un camino de salida de estos. Que no es posible visualizar ningún horizonte.

Pero sorpresivamente a la vuelta de la esquina enfrentamos sorpresas inmensamente positivas, entonces las ausencias y el dolor son suplantados por la esperanza y la ansiosa espera, y estamos dispuestos a vivir intensamente, de nuevo.

Vivir como si acabáramos de haber escrito nuestro testamento, como si pronto las últimas horas van a sonar y no hay más tiempo de espera. No hay nada más que debemos demostrar en pruebas absurdas.

Estoy también convencido de que lo más difícil en esta vida de convivencia mutua con diferentes culturas y ambiciones es lograr el sentimiento de armonía, donde pueda ser quien realmente soy en todos mis espacios y sentirme bien, ya sea con mis tormentas como con mis momentos tranquilos.

Poder conocer mis fantasmas, debilidades, fortalezas, necesidades de amor y compañía.

Armonía en todos estos diferentes aspectos y poder lograr un balance y sentirme seguro y cómodo conmigo mismo.

Todos los seres humanos, necesitan ser amados, reconocidos, alentados. Dentro de esos todos, también me encuentro yo.

Pero ahora estoy en Gotemburgo, mi nueva ciudad domiciliaria. El desafío es aceptado.

....

El riesgo de una mala decisión es preferible al terror de la indecisión.

....

Bienvenido a Gotemburgo

Perdido e incierto. Tomé el desafío
De enfrentar nuevas cuestiones
Conocer nuevas emociones
Que no sabía que existían
Habilidades ocultas
Salían cada día
Con la mira puesta a la vida
Y la mirada fija al futuro
Paso a paso fui superando heridas
Desengaños y dolores
Aprender nuevos matices y sabores
Construir ilusiones y despertar utopías
Tejer nuevas melodías en camino a la armonía
sendero que estaba abierto
Solté el sol en mi camino

Y me mantuve despierto
El optimismo pronto surgió
La esperanza también llegó
Y crecía, cada día
La alegría me encontró y también la fantasía
Y sentimientos felices
lejos de la monotonía y de aquellos días grises
Hagamos lugar a la alegría
Es hora de avanzar, tomar otro camino
Seguir este rumbo
Aceptar mi destino
Y abrazar Gotemburgo

El exilio

Somos muchos los que, por diferentes motivos, un día decidimos dejar nuestro país, nuestra familia, amigos y amores, para irnos a otras tierras, otros países con otras historias y diferentes culturas.

Con la esperanza de poder empezar de nuevo.

Aquí y allá nos transformamos en unos

nostálgicos permanentes que añoramos el lugar que abandonamos.

Cien y mil veces nos arrepentimos, y nos volvimos a arrepentir

Pero nos volvimos profesionales para engañarnos a nosotros mismos.

Nunca lo reconocimos.

Esa debilidad no nos estaba permitida.

Muchos, como yo, hemos perdido los momentos más importantes en la vida de nuestros seres queridos. Cumpleaños, casamientos, y hasta funerales.

Pero constantemente seguimos enviando mensajes donde escribimos que estamos muy bien, aunque estemos, en realidad, pasando momentos desagradables y angustiosos.

No intentamos que crean que somos millonarios, aunque ganemos el sueldo en dólares o euros. Somos tan pobres como siempre lo hemos sido.

En realidad, nuestro tiempo se consumía en saltos entre diferentes trabajos. Limpiadores, repartidores de periódicos, vendedores de chorizos de fabricación casera.

No nos jactamos ni ostentamos bienestar. Como dijera la canción: «hoy tienen alfombra y calefacción».

En realidad, poco a poco, comenzamos de nuevo.

Y hoy, estamos un poco más integrados, más cómodos.

Muchos, como yo, formamos familia en nuestro nuevo país; muchos, como yo, nos hicimos ciudadanos en su nueva sociedad sin abandonar la ciudadanía oriental.

Hicimos nuevas y valiosas amistades, comenzamos y terminamos carreras universitarias.

Nos hemos acostumbrado al frío. Aprendimos a esquiar, y nos apasionan también aquellos deportes del invierno.

Conducimos coches como se debe hacer, respetando todas las reglas de tráfico.

Hasta cruzamos la calle por donde se debe cruzar.

Somos padres, abuelos, profesionales, jubilados, pero continuamos siendo eternos nostálgicos que permanentemente añoramos el lugar que abandonamos.

....

Ilumina la vida con tu presencia
Tú eres quien escribes tu gran novela

....

....

No me interesa ir adonde todos van.

No me interesa hacer lo que todos hacen.

No me interesa brillar como los demás brillan.

Tengo mi propia magia, tengo mi propio fuego y haré que todo arda a mi manera.

Mario Benedetti

....

Cuando el amor no es recíproco
Recoge tu dignidad,
Empaca tus sentimientos
Y sigue tu camino

El color de la vida

Sobre la nostalgia, la melancolía y los sueños

Con solamente veinticuatro años y con los bolsillos llenos de sueños y con mi corta historia a cuestas arribé a este nuevo y extraño país que generosamente me abría sus puertas.

Mano a mano con mi inseguridad y esperanzas, entré al nuevo medio desconocido y peligroso y al mismo tiempo fantástico.

Soñaba, sí, pero con los ojos abiertos sin atreverme a soltar la mano de mi historia uruguaya que me alentaba y limitaba a la misma vez.

Al final venció la fuerza de la curiosidad y la esperanza de sembrar un futuro donde podría reencontrarme a mí mismo. Una nueva oportunidad de sembrar un futuro de otro color.

El color del amor, **el color de la vida.**

La puerta estaba entreabierta y yo con mi juventud optimista comencé a transitar cuidadosamente por mi nueva vida.

Una vida que cambiaba de forma cada día. Donde el ayer y el hoy se mezclaban con el mañana y el instante pasaba a ser un constante todavía.

El tiempo pasó y pasa aún. Pero la vida no es solamente el tiempo que pasa, sino que son todos y cada momento especiales que nos dejan sus enseñanzas.

Aquí en Suecia he compartido y comparto el amor.

Aquí lloré, reí y volví a llorar.

He sufrido y vencido a enfermedades espantosas como el cáncer y repetidas apoplejías (infarto cerebral).

Aquí he logrado disfrutar de nuevas amistades y he perdido en sus luchas contra enfermedades a queridos amigos.

Hay momentos en mi vida en Suecia que me invade la melancolía cuando se acerca el oscuro frío del invierno

A veces sentía una profunda nostalgia por las primeras flores de la primavera que tímidamente aparecen entre las últimas nieves del este invierno tozudo con aspiraciones de eternidad

¿Cómo no sentir que se profundizan mis raíces históricas en estas tierras nórdicas?

Es también mi tierra, es la de mis hijos, es nuestra historia.

Es nuestra vida, ilusiones y desengaños, fracasos y triunfos, y, sobre todo, esperanza.

Esa loca esperanza de poder reír algún día de esas pruebas absurdas que la vida nos ha puesto en nuestro camino y renovar luego, las fuerzas para estructurar de nuevo.

Estas dos culturas que llevo en mí, ni puedo, ni quiero renunciar a ellas.

Son las que han posibilitado que yo sea yo.

Tan sueco como uruguayo.

Simplemente, un hombre común.

....

El pasado es para aprender
El presente para vivirlo
Y el futuro para soñarlo

....

....

El ayer es historia
El mañana es un misterio
Pero el hoy es un regalo.
Por eso se llama presente.

....

....

La vida transcurre durante un corto momento,
por lo tal, vive
cada momentito intensamente, como si fuera el
último
Y jamás dejes de soñar
El pasado muere, el presente vive.
El recuerdo queda
y la vida sigue.

....

....

Sueña, que todo lo que te llegue
sea mejor de lo que buscas
pero no olvides que tus avances
no llegan por tu buena suerte, sino por
tus constantes esfuerzos

....

....

Solo podrás conocer la fuerza de un viento
Tratando de caminar contra él,
No dejándote llevar

....

Sé rebelde y atrévete a disfrutar de un día común

Sobre pérdidas de amigos y compañeros

Él era así, lleno de vida
siempre combatiente
siempre solidario y presente.
No necesitaba ni filtros ni camuflaje
Pero esta última batalla
no la pudo ganar, mi amigo.
El cáncer fue su enemigo.
Es difícil imaginar
ni poder aceptar
Él estaba allí
donde siempre estuvo,
a nuestro lado
seguro, maduro.
y estará allí eternamente
en nuestra memoria.
Tu mensaje nos guía todavía.
En la brecha entre la realidad y los sueños
escondemos en vano la esperanza
de que todo haya sido una pesadilla.
Pero la verdad es que

en medio de la vida suele
la muerte llegar.
Pero el dolor de tu ausencia
No será simple historia
La prueba de tu presencia
Vive en nuestra memoria.
¡Compañero, Hasta siempre
¡PRESENTE!

Días que pasan

....

Habrá días de lluvia y días de sol
Días oscuros y días de luz
Días de tristeza y de felicidad
También días que quisiéramos olvidar
Y aquellos que nunca los olvidaremos
Pero siempre habrá un mañana
Para volver a empezar

....

....

Si algún día me ves triste
No me digas nada
Solo quiéreme.

....

....

Si un día despiertas y no me encuentras.
Búscame entre las oportunidades que perdiste.

....

Un texto final

Es hora de darle un punto final a esta colección de textos breves en el género prosa poética.

Bien, estimados lectores.

Escribir en este género literario ha sido una experiencia emocionante.

Debo aclarar, como he dicho al principio, que no me considero un poeta.

No lo soy, y no creo que tenga el talento suficiente para serlo. Tampoco ha sido mi objetivo principal en esta experiencia.

Pero, creo, que la gran mayoría de los escritores intentan escribir sus obras de una manera que se incline al género de prosa poética.

Este libro es un serio intento de crear una obra lo más cercana posible a la poesía.

Pero ahora es tiempo de terminar, de darle punto final a este proyecto.

Al mismo tiempo, sabemos que no existe un final definitivo, pues siempre surgen nuevas obras que comienzan allí donde las anteriores se toman un descanso.

Pero mi esperanza es que mis lectores tengan espacio para pensar, reflexionar, empatizar y disfrutar de los diferentes matices y sentimientos impresos en estos textos breves.

Personalmente, me siento satisfecho con mi trabajo.

Es el resultado de una inspiración proveniente de la convivencia cotidiana de estas dos culturas que llevo en mí con mucho orgullo.

Esta riqueza cultural es parte de mi historia y han podido despertar en mí un anhelo latente por una vida con toda su belleza e imaginación.

Estamos en verano en Suecia, y entonces tenemos el privilegio de disfrutar de las hermosas flores veraniegas y del regreso de las golondrinas.

Las últimas hojas amarillas perdidas por los árboles en los vientos otoñales intentan aferrarse a las paredes y a los cristales de las ventanas como un desesperado intento de los últimos vientos de un verano debilitado para detener el avance del otoño.

Pero ya no hay vuelta atrás.

Solo importa el futuro,

lo que vendrá.

La vida abre un nuevo horizonte, que en su amplitud da lugar a nuevos sueños y fantasías.

Aprendemos constantemente, adquirimos y acumulamos experiencias, y con el tiempo nos volvemos más sabios y fuertes.

Lo importante es mantener la mira puesta en el futuro, en lo que vendrá.

A pesar de que haya pasado momentos difíciles y una tristeza recurrente, he podido acumular más experiencias vitales de las que cabría esperar de una persona en sus primeros años de su juventud hasta llegar a una vida con la responsabilidad adulta como lo es actualmente.

Y a pesar de todos los obstáculos y dificultades en este encapsulado camino de vida, he podido navegar a puerto seguro.

Gracias a la escritura y a mi humilde creatividad como escritor he podido examinarme a mí mismo y reflexionar sobre mi vida, y atreverme a vivirla plenamente en su más hermoso color.

La vida te presenta las opciones, pero eres tú quien debe tomar las decisiones.

A lo mejor no tienes la vida que soñaste, pero posiblemente tienes la vida que muchos sueñan.

Así que, ama lo que tienes, antes de que la vida te enseñe a amar lo que perdiste.

. . . .

No te das cuenta de lo vacía que ha estado tu vida hasta que empiezas a vivirla en toda su plenitud

. . . .

. . . .

Estos textos son un homenaje a la vida y a su color. Solamente me queda agradecerles vuestro interés, y les deseo una agradable lectura

Gracias.

El autor